Bibliografische Information der Deutschen Nationalbibliothek:

Die Deutsche Bibliothek verzeichnet diese Publikation in der Deutschen National-
bibliografie; detaillierte bibliografische Daten sind im Internet über http://dnb.d-
nb.de/ abrufbar.

Impressum:

Copyright © 2014 GRIN Verlag, Open Publishing GmbH
Druck und Bindung: Books on Demand GmbH, Norderstedt Germany
ISBN: 9783656744405

Dieses Buch bei GRIN:

http://www.grin.com/de/e-book/280201/unterkonsumtion-oder-ueberinvestition-
monetaere-konjunkturtheorien-nach

Mirian Fabian Breuer

Aus der Reihe: e-fellows.net stipendiaten-wissen

e-fellows.net (Hrsg.)

Band 996

Unterkonsumtion oder Überinvestition. Monetäre Konjunkturtheorien nach F.A. von Hayek und J.M. Keynes

GRIN Verlag

GRIN - Your knowledge has value

Der GRIN Verlag publiziert seit 1998 wissenschaftliche Arbeiten von Studenten, Hochschullehrern und anderen Akademikern als eBook und gedrucktes Buch. Die Verlagswebsite www.grin.com ist die ideale Plattform zur Veröffentlichung von Hausarbeiten, Abschlussarbeiten, wissenschaftlichen Aufsätzen, Dissertationen und Fachbüchern.

Besuchen Sie uns im Internet:

http://www.grin.com/

http://www.facebook.com/grincom

http://www.twitter.com/grin_com

Seminararbeit

„Unterkonsumtion oder Überinvestition"

Seminar zur Ökonomischen Ideengeschichte – Ausgewählte Themen aus dem Werk von Friedrich August von Hayek

Wirtschaftswissenschaftliche Fakultät

Studienrichtung: Volkswirtschaftslehre

Sommersemester 2014

| vorgelegt von: | Mirian Fabian Breuer |
| Eingereicht bei: | Dr. Karen Horn |

INHALTSVERZEICHNIS

1. EINLEITUNG: DIE WIEDERKEHR DER ZYKLEN

Noch vor gar nicht allzu langer Zeit beflügelte die Vision eines langanhaltenden und hohen wirtschaftlichen Wachstums, ohne größere Preissteigerungen und dem ständigen Auf und Ab der Konjunkturzyklen Wirtschaftsdenker und -lenker. Hohes und stetiges Wachstum, niedrige Inflation und eine Glättung der Konjunktur waren das Mantra der sogenannten „Great Moderation", einer Geldpolitik, die ab Mitte der 1980er Jahre, unter der Ägide des US-Notenbank Vorsitzenden Greenspan eingeleitet wurde. Dabei wurde versucht die wichtigen Fundamentaldaten der Volkswirtschaft zu erfassen um daraus die optimale, konjunkturglättende Geldpolitik abzuleiten. Man glaubte die großen Wirtschaftskrisen ein für alle Mal überwunden zu haben. Der Machbarkeitsglaube dieses Vorhabens war groß, sehr groß. Man möchte meinen der Weg ins Paradies sei entdeckt worden, wenn man Paul Krugman aus dem Jahr 1997 vernimmt:

> *„If you want a simple model for predicting the unemployment rate in the United States over the next few years, here it is: It will be what Greenspan wants it to be, plus or minus a random error reflecting the fact that he is not quite God."*[1]

Doch plötzlich, im Jahre 2007, geschah etwas, dass die Anhänger der „Great Moderation" kalt erwischte – die Immobilienblase in den USA platze und zog den Finanzsektor weltweit in den Sog der Krise. Die Immobilienkrise weitete sich zur Finanzkrise und letztlich zu einer, in ihrem Ausmaß mit der Depression der 1930er Jahre vergleichbaren, Wirtschaftskrise aus.

Die Vision, man könne die wirtschaftlich Entwicklung glätten, Wohlstand und niedrige Preise mit der „richtigen" Geldpolitik erreichen, erwies sich als Illusion. Die Überraschung der (Mainstream-)Ökonomen, die keine Anzeichen für diese Krise gesehen hatten, offenbarte die Schwäche und den Missstand ihrer Theorien. Der Glaube an geldpolitisches „Fine-tuning" mit Hilfe makroökonomischer Aggregate (Preisniveau, Arbeitslosigkeit etc.) und der unbekümmerte Umgang mit Geldmengenänderungen waren die labilen Pfeiler dieser Theorie.

In Zeiten der Krise hören wir oft Rufe nach höheren Staatsausgaben. Der Konsum müsse angeregt werden, damit wir uns aus dem Jammertal der Rezession befreien können, ganz im Sinne der *Keynes'schen Unterkonsumtionskrise*. Aber auch eine schon lange vergessene Theorie erlebt ein Comeback. Es handelt sich hierbei um *Hayeks Überinvestitionstheorie*. Diesen beiden Ansätzen möchte ich mich in der folgenden Arbeit widmen.

---

[1]Zitat von Krugman aus Mayer (2013), S.2.

2. MONETÄRE KONJUNKTURTHEORIE BEI HAYEK & KEYNES

Die „Reflections on the Pure Theory of Money of Mr. J.M. Keynes" waren Hayeks Reaktion auf die Veröffentlichung von Keynes' Werk „Treatise on Money". In dieser Rezension stellt Hayek einige der Ideen Keynes' zur Geldtheorie und zur Theorie der Konjunkturzyklen vor. Er beleuchtet diese und kontrastiert sie mit seinen eigenen, zum Teil fundamental von den Keynes'schen Gedanken abweichenden, theoretischen Ansätzen. Keynes, der Befürworter einer monetären Unterkonsumtionstheorie, und Hayek, der Vertreter der monetären Überinvestitionstheorie, stehen damit in verschiedenen Ecken des Rings im Wettstreit der Ideen. Wo der eine, Keynes, zu viel Sparen als Ursache von Krisen sieht, macht der andere, Hayek, zu wenige Ersparnisse als Grund für Rezessionen aus.

Beide eint jedoch, dass sie die Versorgung der Wirtschaft mit Geld und Krediten – dabei spielt der Zins, als Preis auf diesen Märkten, *die* zentrale Rolle – in den Fokus ihrer Betrachtung rücken. Beide vertreten damit Ansätze einer *monetären Konjunkturtheorie*. Den beiden Antipoden der Konjunkturtheorie geht es darum die dynamischen Entwicklungen einer Geldwirtschaft zu verstehen und zu ergründen – also warum und wie es zu Wirtschaftskrisen kommt. Wir wollen an dieser Stelle unsere beiden Protagonisten hinsichtlich ihrer konjunkturtheoretischen Konzeptionen zu Wort lassen:

> *„Es war mein Ziel, eine Methode zu finden, die nicht nur für die Darstellung der Eigenart des statistischen Gleichgewichts, sondern auch der des Ungleichgewichts von Nutzen ist, und die dynamischen Gesetze zu entdecken, welche den Übergang eines monetären Systems von einer Gleichgewichtsposition zur anderen beherrschen."* (Keynes (1983), Vorwort)

Für Hayek muss sich eine angemessene Konjunkturtheorie durch folgendes auszeichnen:

> *„Eine solche Theorie, die nicht mehr eine Erklärung eines allgemeinen Geldwertes, sondern eine Erklärung des Einflusses des Geldes auf die Tauschrelationen zwischen allen Arten von Gütern sein will.."* (Hayek (1931), S. 28)

Bevor sich hier mit den Ideen, die Hayek in den „Reflections" darstellt, auseinandergesetzt wird, soll zunächst das Augenmerk auf Hayeks theoretisches Fundament – der Hayek'schen (österreichischen) Konjunkturtheorie – gelegt werden.

2.1. HAYEKS KONJUNKTURTHEORIE – EIN GROBER ABRISS

Hayek versuchte die Wirkung monetärer Veränderungen auf die Gesamtwirtschaft zu untersuchen, also auch auf die realen Produktionsstrukturen[2], dabei entwickelte er eine Konjunk-

---

[2]Siehe Hayek (1931a).

turtheorie die sich dadurch auszeichnet, dass sie Preistheorie, österreichische Kapitaltheorie und Geldtheorie als geeintes Fundament verwendet. Dies allein hat schon Seltenheitswert.

Hayeks Konjunkturtheorie tritt im Gewand einer klassischen Gleichgewichtsanalyse auf, ohne jedoch auf die spezifischen Elemente der Österreichischen Schule zu verzichten, die da wären: *Investitionen* werden, ganz wie bei Böhm-Bawerk, als lohnende Produktionsumwege verstanden. Wird mehr Kapital eingesetzt „verlängert" sich die Produktion – sie wird durch die Investitionen kapitalintensiver –; wird weniger Kapital eingesetzt „verkürzt" sich der Produktionsprozess. Damit bekommt die Theorie eine zeitliche Perspektive. Ein intertemporales Gleichgewicht ist hierbei der Orientierungspunkt der Analyse. Im Hinblick auf den Faktor Zeit spielt auch der *Zins* eine wichtige Rolle. Er ist der Ausgleich oder die Entschädigung des Kapitalgebers für den gegenwärtigen Verzicht auf Konsum. Der Zins ist daher Ausdruck für die Präferenz heutigen Konsums. Ist der Zins hoch lohnen sich nur recht „kurze" Produktionswege, die Präferenz heute zu konsumieren ist hoch. Der *Produktionsprozess* teilt sich bei Hayek in aufeinanderfolgende Zwischenstufen ein[3]. Die Unterteilung des Produktionsprozesses in mehrere Zwischenstufen, trägt der österreichischen Erkenntnis Rechnung, dass Kapital heterogen ist. Auf Grundlage dieser Theorie lässt sich erklären wie es zu Auf- und Abschwung, Hochkonjunktur und Depression kommt.

Hayeks Theorie sieht die Unterscheidung zwischen *freiwilligem* und *erzwungenem Sparen* vor. Im Falle des freiwilligen Sparens[4] ist eine Erhöhung der Sparquote Ausdruck verminderter Zeitpräferenz. Es gibt nun mehr Ersparnisse (das Angebot an Investitionsmitteln steigt), der Zins sinkt. Eine kapitalintensivere Produktion wird rentabel – die Produktionsprozesse verlängern sich. Die lohnenswerten Umwege (Investitionen) führen zu mehr Wohlstand. Sparen und kapitalintensivere Produktion sind Quelle wirtschaftlichen Fortschrittes.

Unfreiwilliges Sparen jedoch werde ausgelöst durch Geldschöpfung der Geschäftsbanken und Geldmengenerhöhung der Zentralbank. Dies führe zu einem künstlichen Anstieg der Investitionen, was zunächst einen *Aufschwung* auslöse. Während des Aufschwungs geht die Konsumgüterproduktion zurück, es kann und muss nun weniger konsumiert werden, daher *erzwungenes Sparen*. Dieser künstliche Aufschwung findet jedoch zwangsläufig ein jähes Ende, da die vorhandenen Ersparnisse nicht ausreichen um alle Investitionsvorhaben zu beenden. Der *Abschwung* setzt ein. Auf diesen Prozess werden wir im Laufe dieser Darstellung noch genauer eingehen.

---

[3]Siehe Anhang, Abb. 1.
[4]Hier wird vom Ideal des „neutralen Geldes" ausgegangen. Es bedeutet, dass die Geldwirtschaft keinen Einfluss auf die reale Produktion hat. Es findet keine Geldschöpfung, die verzerrend auf die relativen Preise einwirkt, statt. Dies dient für Hayek jedoch nur als Referenzwert, nicht als zu verwirklichendes Ziel. Hayek (1933).

2.2. HAYEKS REFLEKTIONEN DER KEYNES'SCHEN „TREATISE"

Hayek würdigt in seiner Besprechung von Keynes „Treatise", dass dieser, vor allem für die englischen Ökonomen[5] seiner Zeit, einen innovativen Ansatz in der Geldtheorie verfolge, der darin besteht den Zins und sein Verhältnis zu Sparen und Investieren in den Fokus zu rücken[6]. Dies sieht Hayek als großen Fortschritt in der britischen Theorie an. Zunächst geht Hayek auf einige Begrifflichkeiten ein, die Keynes im Dritten Buch seiner Abhandlung aufgreift.

Gewinne

Für Beide, Hayek und Keynes, stellen Gewinne die Triebfeder wirtschaftlicher Veränderungen dar[7]. Doch kritisiert Hayek bei Keynes, dass sich Gewinne als Differenz, der Preise des gesamten aktuellen Outputs, minus den Preisen für die dafür benötigten Produktionsfaktoren, ergeben. Keynes betrachte nur den Gesamtgewinn – eine Aggregatsgröße.

Hayek lehnt diese aggregierte Sichtweise ab. Für ihn ist die Gesamtproduktion kein monolithisches Ganzes, sondern ein, sich aus vielen unterschiedlichen Gütern zusammensetzender und sich in mehrere Produktionsstufen aufgliedernder, Prozess. Relative Änderungen in den Zwischenstufen, sei es auf der Angebots- oder der Nachfrageseite, beeinflussen die Produktion auf allen Stufen und stets die Gewinne.

Der einfache Vergleich zwischen Aggregatsgrößen blende die entscheidenden Veränderungen innerhalb der Aggregate aus. Selbst wenn die aggregierten Gewinne unverändert blieben, können relative Änderungen eine stark gewandelte Produktionsstruktur hervorbringen[8]. Keynes' Betrachtung der Gewinne als Aggregat (Gesamtgewinne) verschließe sich einer Analyse der relativen Änderungen, und damit auch, so Hayek, den „grundlegenden Mechanismen des Wandels[9]".

---

[5] Hayek verweist auf den Rückschritt der englischen Geld- und Konjunkturtheorie, vor allem in Cambridge, gegenüber der kontinentaleuropäischen Theorie. Hayek (1931b), S.270.

[6] *"That the new approach, which Mr. Keynes has adopted, which makes the rate of interest and its relation to saving and investment the central problem of monetary theory, is an enormous advance on this earlier position, and that it directs attention to what is really essential, seems to me to be beyond doubt."* Ebenda S.270.

[7] *„When profits are positive (or negative) entrepreneurs will – in so far as their freedom of action is not fettered by existing bargains with the factors of production which are for the time being irrevocable – seek to expand (or curtail) their scale of operations."* Zitat von Keynes in Hayek (1931b), S.273.

[8] Wenn wir von einer Situation, in der die Gesamtgewinne null sind, ausgehen, muss das nicht notwendigerweise bedeuten, dass auf jeder Zwischenstufe der Produktion die Gewinne null sind. Es ist vorstellbar, dass auf den niedrigeren Stufen der Produktion (konsumnahe Güter) Gewinne erzielt werden, die in ihrem Umfang Verluste auf den höheren Stufen (konsumferne Güter) voll ausgleichen.

Die unterschiedlichen Gewinne in den einzelnen Produktionsstufen würden zu einer Verschiebung von Produktionsmitteln zwischen den Stufen führen, denn für den Unternehmer ist es nun profitabler die Produktion der konsumfernen Güter herunterzufahren, und die freiwerdenden Produktionsmittel für die Produktion von konsumnahen Gütern zu verwenden. Dies geschieht solange bis die Gewinndifferenz in allen Stufen verschwunden ist. Trotz Null-Gewinnen finden erhebliche Anpassungsprozesse innerhalb der Aggregate statt.

[9] *„Such an explanation can, however, only be reached by a close analysis of the factors determining the relative prices of capital goods in the different successive stages of production."* Hayek (1931b), S.277.

Investitionen und der Prozess des Investierens

Auch hinsichtlich des wohl entscheidendsten Begriffs der „Treatise" – der Investition – sind sich Hayek und Keynes nicht einig. Der Investitionsprozess bei Keynes zeichne sich durch die Eigenart aus, dass hierbei die Erneuerung alten Kapitals von der Hinzugabe neuen („zusätzlichen") Kapitals getrennt werde[10]. Die Erneuerung alten Kapitals werde bei Keynes einfach zur aktuellen Konsumgüterproduktion gezählt[11]. Diese Trennung zwischen Kapital dass zur Aufrechterhaltung der aktuellen Konsumgüterproduktion genutzt werde, und Kapital welches den Kapitalstock ergänze – also „zusätzliches" Kapital – und zur Investitionsgüterproduktion gezählt werde, schaffe das Problem wie dieses „zusätzlichen" Kapitals bestimmt werden soll.

Diese angedeuteten Unklarheiten im Keynes'schen Investitionsbegriff stellen für Hayek den Keim einiger Fehlschlüssel in der Analyse von Keynes dar. Ursächlich sei hierfür die fehlende Kapitaltheorie in Keynes Ansatz.

2.2.1. GRUNDGLEICHUNGEN VON KEYNES

In den „Reflections" geht Hayek zudem auf Keynes „Grundgleichungen des Geldes" ein und stellt, die sich daraus ergebende, Geldzirkulation graphisch dar (siehe Anhang Abb. 3). Hierbei mache Keynes zwei wichtige Unterteilungen, auf die Hayek näher eingeht.

Dies ist zum einen die Unterteilung der Geldeinkommen in *erstens*, den Teil der durch die Produktion von Konsum- und Investitionsgütern erzielt wurde (Mittelherkunft) und *zweitens*, den Teil der für Konsumgüter und Ersparnisse verwendet wird (Mittelverwendung). Diese Unterteilung hält Hayek für richtig und bedeutend, denn gerade das Verhältnis zwischen Konsumgüter- und Investitionsgüterindustrie und den Konsum- und Spareigungen sei entscheidend für die wirtschaftliche Entwicklung. Eine Divergenz dieser beiden Teile sei ein entscheidender Gegenstand der monetären Konjunkturtheorie (dies wird noch, wenn auf das monetäre Ungleichgewicht nähereingegangen wird, gezeigt werden). Dennoch halte Hayek die strikte Trennung der Produktion von Investitionsgütern und der Konsumgüter für irreführend. Der Investitionsprozess bestehe gerade nicht darin, dass „Seit an Seit" mit alten Methode und neuen Investitionen Konsumgüter hergestellt werden[12], sondern vielmehr durch Investitionen,

---

[10]Hayek kritisiert, dass die Reinvestitionen in altes Kapital und die neuen Investitionen komplett unterschiedlich behandelt werden. Dies sei problematisch, denn zum einen würden beide Größen auf demselben Markt gehandelt und zum anderen versperre diese strikte Trennung die Sicht auf die Wechselwirkungen zwischen beiden Kapitalarten (siehe S. 11, Hayeks Unterteilung in spezifische und nicht-spezifische Produktionsmittel).

[11]Ohne Kapitaltheorie sei dies nicht zu erklären und fast ein Akt theoretischer Willkür. Hayek hingegen, ausgerüstet mit der Österreichischen Kapitaltheorie, kann mit dem Konzept der Produktionsumwege aufwarten.

[12]*„The alternative is not between producing consumption goods or producing investment goods, but between producing investment goods which will yield consumption goods at a more or less distant date in the future.",* Hayek (1931b), S.286.

die die Produktion *verlängern* und nun *andere, neue* Maschinen und Ausrüstungen den Platz vorheriger, minderwertiger Maschinen einnehmen. Der Produktionsprozess ändert sich in seiner Struktur; er verlängert sich; es gibt neue Zwischenstufen. Diese Dynamik des realen Investitionsprozesses vernachlässige Keynes mit seiner scharfen Trennlinie jedoch, so Hayek.

Die zweite Unterteilung erklärt genauer was im Falle des Sparens passiert, denn sie hat die Aufgliederung der Ersparnisse in Sicherheiten, die für Investitionen zur Verfügung stehen, und Bankeinlagen, die in die Horte gehen, zum Inhalt. Dabei spielen die Banken eine wichtige Rolle, denn sie sind der entscheidende Faktor im Verhältnis zwischen *effektiven*[13] Ersparnisse und Investitionen. Die Banken bestimmen das Angebot von Sicherheiten und Bankeinlagen und damit auch das Verhältnis zwischen Sparen und Investitionen[14]. Dabei kommt dem Zins, zu dem die Banken Geld verleihen, eine entscheidende Bedeutung zu.

2.2.2. ZIRKULATION DES GELDES

Betrachtet man nun den Umlauf des Geldes bei Keynes, so sind es drei Faktoren, deren Änderungen ferner spontane Veränderungen des gesamten Prozess der Geldzirkulation einleiten könnten[15]. Es sind Änderungen der folgenden Größen:

(i)   *Sparquote*: Anteil des Geldes der gespart wird[16].

(ii)   *Investitionsquote*: Verhältnis zwischen den Produktionsfaktoren die entweder in die Konsumgüter- oder aber in die Investitionsgüterindustrie fließen.

(iii)   *Angebot der Banken*: Banken können an Investoren mehr oder weniger Geld ausgeben, als sie in Sicherheiten halten, so dass die Kredite die Gesamtersparnisse übersteigen oder unterschreiten.[17]

Betrachten wir zunächst den Fall einer ausschließlichen Änderung der Sparquote (i), also ohne Änderungseffekte der Investitionsquote oder des Bankenangebots. Der einzige Effekt, der von dieser Änderung ausgeht, ist, dass Konsumgüterproduzenten nun einer gestiegenen (falls die Sparquote sinkt) bzw. gesunkenen (falls die Sparquote steigt) Nachfrage gegenüberste-

---

[13]Mit effektiv werden hier Ersparnisse bezeichnet, die für Investitionen zur Verfügung stehen, also in Form von Sicherheiten vorliegen. Horten zählt zwar zum Sparen, diese Kapitalien werden jedoch nicht investiert.
[14]Bieten Banken mehr Bankeinlagen als nötig an, werden womöglich zu viele Ersparnisse gehortet und fehlen als Sicherheiten. Da aber nur Sicherheiten zum Investieren verwendet werden, wird also zu wenig investiert. Die Schaffung zusätzlicher Bankeinlagen kann also zu einer Divergenz zwischen Ersparnissen und Investitionen führen. Banken können aber auch durch ihr Angebot von Sicherheiten und Bankeinlagen eine Tendenz zum Gleichgewicht zwischen Investitionen und Ersparnissen einleiten, so Keynes. Hayek (1931b), S.285.
[15]Ebenda, S.289.
[16]Dies entspricht der ersten Untergliederung, die wir im Abschnitt der Grundgleichungen kennengelernt haben.
[17]Diesen Zusammenhang haben wir bereits, als zweite Untergliederung, im vorherigen Abschnitt kennengelernt.

hen[18]. Die Produzenten der Konsumgüter werden, im Zuge einer sinkenden Sparquote und damit einhergehenden höheren Gewinnen, ihre Produktion ausweiten. Die Investitionsgüterindustrie wird hingegen Verluste einfahren, die der Höhe nach genau den Gewinnen in der Konsumgüterproduktion entsprechen – die Gesamtgewinne verändern sich nicht–, und daraufhin ihre Produktion drosseln. Die Veränderung der Sparquote hat dabei auch einen Einfluss auf den Zins. Eine sinkende Sparquote etwa, würde steigende Zinsen bedeuten, um so Sparen wieder attraktiv zu machen. Zinsänderungen haben also auch ihre Ursache in realen Veränderungen wie der Änderung der Sparquote. Wenn wir also nur eine Änderung der Sparquote beobachten (Faktoren (ii) und (iii) bleiben im Gleichgewicht) kommt es also nur zu einer Änderung zwischen Konsumgüter- und Investitionsgüterproduktion[19]. Tritt eine Veränderung der Investitionsquote auf, ohne dass sich Sparquote und Bankenangebot ändern, ergibt sich der gleiche Effekt wie im ersten Fall, jedoch mit umgekehrten Vorzeichen. Eine Änderung der Spar- bzw. Investitionsquote repräsentiert *freiwilliges Sparen* in Hayeks Denken.

Ganz anders sieht es jedoch aus, wenn die Banken mehr oder weniger verleihen, als durch Ersparnisse gedeckt ist. Hierbei kommt es zu einem Auseinandertriften von Investitionen und Ersparnissen. Wenn also mehr investiert wird als gespart wurde, liegt der Fall des *erzwungenen* Sparens vor – es kommt zu wirtschaftlichen Verzerrungen.

Auf die Konsequenzen eines solchen Auseinanderklaffens von Investitionen und Ersparnissen wird im Folgenden, bei der Betrachtung des monetären Ungleichgewichts, näher eingegangen. Es soll jedoch an dieser Stelle deutlich gemacht werden, dass die Änderungen in den ersten beiden Größen zwar Veränderungen zwischen der Produktion von Konsumgütern und Investitionsgütern hervorrufen, aber die Gesamtprofite unberührt bleiben – der Gleichgewichtszustand wird nicht verlassen. Klaffen jedoch Ersparnissen und Investitionen auseinander, ergeben sich, wie Hayek klarmacht, zusätzliche Gewinne (oder Verluste)[20] – es kommt zu einem künstlicher Aufschwung (oder Abschwung) durch erzwungenes Sparen. Keynes hingegen betont die Auswirkungen dieser monetären Einflüsse auf das Preisniveau[21].

---

[18]Dies lässt sich auch mit den Keynes'schen Gleichungen ausdrücken: Bei einem Sinken der Sparquote, übersteigt nun der Term $(E-S)$, der den Einkommensanteil darstellt, der für Konsumgüter ausgegeben wird, der Ausdruck $(E-I')$. Der Gewinn aus der Konsumgüterproduktion (Q_1) ist mit $Q_1 = (E-S) - (E-I')$ demnach positiv. Der positive Gewinn wird die Produzenten der Konsumgüter anregen ihre Produktion auszuweiten. Damit stellt sich wieder ein Gleichgewicht ein und die Differenz aus $(E-S)$ und $(E-I')$ geht auf null zurück.
[19]Eine sinkende Sparquote lässt die Zinsen ansteigen, Investitionen werden nun weniger rentabel und die Produktionsprozesse verkürzen sich, die Konsumgüterindustrie profitiert. Die Änderung der Produktionsstruktur, lässt sich also auch über die, von der Änderung der Sparquote ausgehende, Veränderung des Zinses erklären.
[20]Die Gesamtgewinne lassen sich mit Keynes' Gleichungen zeigen: Falls $I>S$ gilt, erhalten wir $Q>0$ mit $Q=I-S$.
[21]Wenn mehr investiert als gespart wird, erhöht sich das Preisniveau ceteris paribus. Siehe dazu im Anhang, Tabelle, Keynes'sche Gleichung zum Preisniveau Π.

2.2.3. Monetäres Ungleichgewicht

Wir haben bereits gesehen, dass die Entscheidung des Bankensystems, wie viel bei vorhandenen Ersparnissen investiert wird, einen wichtigen Einfluss auf die wirtschaftliche Entwicklung hat. In diesem Abschnitt soll darauf ein besonderes Augenmerk gelegt werden.

Die Banken bestimmen die Kreditbedingungen indem sie den Zins festlegen. Der effektive, am Markt herrschende, Zins wird bei Keynes *Bankrate* genannt. Keynes fügt an, dass, falls Investitionen und Ersparnisse im Einklang stehen, also ein monetäres Gleichgewicht herrscht, auch das durchschnittliche Preisniveau gesamtheitlich stabil bleibe. Seien die Kreditbedingungen nun aber lockerer als im Gleichgewicht, stiegen die Preise und Gewinne werden gemacht, umgekehrt verhalte es sich bei zu starren Kreditbedingungen[22].

Das Konzept der Bankrate und das theoretische Fundament der Analyse von Spar- und Investitionsentscheidungen bei Keynes basieren auf Wicksells Idee eines „natürlichen" Zinses oder auch Gleichgewichtszins, also einen Zinssatz bei dem die neuen Investitionen genau den Ersparnissen entsprechen. Einer Idee, die auch die Grundlage für Hayeks Theorie bildet.

Keynes insistiert nachdrücklich darauf, dass das Abweichen des kurzfristigen Zinses (Bankrate) vom natürlichen Zins unabhängig von der effektiven Geldmenge sei, d.h. das Auseinanderklaffen von Investitionen und Ersparnissen könne auch ohne eine Änderung der, von den Banken in Umlauf gebrachten, Geldmenge auftauchen.

Hayek geht die Sache hingegen ganz anders an. Treu seinem österreichischen Ansatz, betont er die Bedeutung relativer Veränderungen. Wird die Geldmenge verändert, beeinflusst dies den Marktzins (Bankrate), damit würde sich wiederrum die relative Profitabilität des liquiden Kapitals in allen Produktionsstufen, aber auch die Preise des Betriebskapitals ändern. Hayek widerspricht zudem der These Keynes', dass eine Änderung des Zinses keinen bemerkenswerten Effekt auf die Erträge des fixen (gebundenen) Kapitals[23] habe. Auch wenn fixes Kapital nicht direkt durch die Zinsänderung beeinflusst werde, so stehe die Nutzung dieser Kapitalsorte immer in Verbindung mit der Nutzung des liquiden Kapitals. Der veränderte Gebrauch des liquiden Kapitals in den verschiedenen Produktionsstufen, beeinflusse auch die

---

[22] *„Booms and slumps are simply the expression of the results of an oscillation of the terms of credit about their equilibrium position."*, Keynes (1930), S.183-184.

[23] Damit keine Unklarheit über die verschiedenen Kapitalarten, die Keynes verwendet, herrscht, hier die drei Begriffe und ihre Bedeutung: „Fixes Kapital" stellt die Güter in der Nutzung, die erst im Laufe der Zeit ihren vollen Nutzungsertrag liefern, dar; „Betriebskapital" steht für die Güter die sich im Produktionsprozess befinden; und unter „Liquides Kapital" firmieren die Güter auf Lager, die keinen Ertrag abwerfen, aber jederzeit genutzt oder verbraucht werden können. Hayek nimmt zwar Stellung zu den Auswirkungen auf die Kapitalarten nach Keynes, jedoch teilt er diese Kategorisierung nicht mit Keynes. Vgl. Keynes (1983), S.105. Hayek selbst spricht von spezifischen und nicht-spezifischen Produktionsmitteln, siehe S.11 dieser Seminararbeit.

Grenzproduktivität des fixen Kapitals, da beide Kapitalarten im Produktionsprozess in einer Wechselbeziehung stehen.

Beide, Hayek und Keynes, sehen also im Auseinanderklaffen von Investitionen und Ersparnissen das erste Anzeichen eines monetären Ungleichgewichts.

2.2.4. URSACHEN DES MONETÄREN UNGLEICHGEWICHTS

Nun wollen wir uns den Gründen für ein Auseinanderklaffen zwischen Bankrate und Gleichgewichtszins („natürlicher" Zins) bei Keynes und Hayek zuwenden.

Ursache bei Keynes - Unterkonsumtion

Für Keynes ist Sparen das Zurückhalten des Kaufs von Konsumgütern und damit in vielen Fällen der tatsächliche Grund warum es zu Unternehmensverlusten kommt. Das Sparen der Konsumenten führe zu einem Preisverfall auf breiter Front (Sinken des allgemeinen Preisniveaus). Diese Verluste müssten ausgeglichen werden. Dies geschehe meist durch die Zuhilfenahme von Ersparnissen, die nun für Investitionen fehlen. Die Ersparnisse werden also von den Verlusten aufgefressen, es kommt zur Divergenz von Ersparnissen und Investitionen. Eine zunehmende Abwärtsspirale, ausgelöst durch zu wenig Konsum – *Unterkonsumtion* –, setzt ein[24].

Dieses Bild habe aber wenig mit der Realität des Verhaltens der Sparer und der Unternehmer zutun, so Hayek. Wenn die Leute zu sparen beginnen, ist gewöhnlich die erste Folge, dass weniger Konsumgüter zum existierenden Preis verkauft werden. Das heiße aber nicht, dass die Konsumgüterpreise fallen müssen. Anstatt ihre Güter mit Verlust zu verkaufen, werden die Anbieter von Konsumgütern ihren Bestand erhöhen und ihren Produktionsprozess abbremsen. Sparen muss also die Reduzierung des Konsums bedeuten, damit ein solcher Bestand an Konsumgütern angelegt werden kann.

Nach Hayek, löse das einsetzende Sparen der Individuen eine Veränderung der Produktionsstruktur aus, damit verändere sich die Preisrelation zwischen Konsum- und Investitionsgütern. Die höheren Ersparnisse führen zu steigenden Investitionen und die Produktionsprozesse verlängern sich, werden also kapitalintensiver. Der Bestand an Konsumgütern dient der Überbrückung dieses Anpassungszeitraums[25]. Damit werde die konjunkturelle Erholung eingeleitet, und der Konsumgüterbestand kann nun wieder zu den alten Preisen veräußert werden.

---

[24]Keynes vernachlässige so Hayek, zwei entscheidende Punkte: *Erstens*, dass Unternehmer sich das nötige Kapital auch selbst durch Reduzierung ihres eigenen Konsums verschaffen könnten und damit Mittel für Investitionen frei würden. *Zweitens*, die Bedeutung der relativen Preise und der Änderung in der Produktionsstruktur.
[25]Der Zeitraum ergibt sich nach Hayek, zwischen dem Zeitpunkt, in der die letzten Produkte des vorherigen (kürzeren und weniger kapitalintensiven) Produktionsprozesses konsumiert werden (Beginn des Sparens), und

Wenn jedoch die Produzenten der Konsumgüter ihre Produktion nicht drosseln würden und in der Konsequenz ihre Erzeugung mit Verlust verkauften, weil sie womöglich hoffen, dass sich die Nachfrage wiederbelebe und die Verluste geringer seien, als bei Reduzierung der Produktion, dann liege Keynes richtig, wenn er behauptet die Verlust müssen kompensiert werden. Hayek zeigt jedoch deutlich, dass letztlich die einzig Alternative des Unternehmens die Reduzierung seiner eigenen Kosten sein kann[26]. Würde man jedoch künstlich (durch politische Maßnahmen) die Unternehmer anregen ihre Produktion aufrechtzuerhalten, würden keine Produktionsfaktoren freiwerden, die einen Wandel der Produktionsstruktur ermöglichten. Die Bekämpfung der Probleme an der Wurzel würde herausgezögert.

Damit ist nun die Ursache für ein monetäres Ungleichgewicht bei Keynes geklärt und auch Hayeks Kritik daran dargestellt. Keynes betrachtet die Verschiebung der Geldströme (Aggregatsgröße) und die daraus folgende Veränderungen des Preisniveaus, als ausschlaggebend für die Auf und Abwärtsbewegung der Wirtschaft. Hayek fasst Keynes Erklärung der Konjunkturzyklen wie folgt zusammen: In einer Situation, in der die Investitionen die Ersparnisse übersteigen – wir befinden uns in einem monetären Ungleichgewicht –, wird das Preisniveau eine steigende Tendenz aufweisen. Das Hauptmerkmal des Booms ist für Keynes nicht steigende Investitionen, sondern der daraus folgende Anstieg der Konsumgüterpreise und die sich ergebenden Gewinne. Direkte Inflation[27] für Konsumzwecke könne, nach Keynes, genauso gut einen Aufschwung schaffen, wie das Übersteigen der Investitionen gegenüber den Ersparnissen. Die Überschussnachfrage nach Konsumgütern in Folge der Geldmengenausweitung treibt also den Aufschwung an. Die Hochkonjunktur wird solange anhalten, wie die Nachfrage vor dem Angebot bleibt. Sobald aber das Angebot die Nachfrage einholt wird der Boom enden[28] und der Abschwung beginnt.

Ursache bei Hayek - Überinvestition

Wenn Banken Geldschöpfung betreiben oder die Notenbank die Geldmenge erhöht (oder beides), kann eine steigende Nachfrage nach Kapital befriedigt werden, ohne den Zins anheben zu müssen[29] bzw. kann er sogar noch sinken. Damit wird das Kreditangebot über die verfüg-

---

dem Zeitpunkt, in der die ersten Produkte der neuen (verlängerten und kapitalintensiveren) Produktion den Markt erreichen. Vgl. Hayek (1931b), S.28.

[26]Siehe die ausführliche Darlegung der einzelnen Fälle in Hayek(1931b), S.28-31.

[27]Inflation im österreichischen Sinne ist die Geldmengenausweitung und nicht, wie heute meist geläufig, der Anstieg der Preise. Preissteigerungen können die Folge von Geldmengenausweitung (Inflation) sein, aber nicht notwendigerweise.

[28]Nach Hayek müsse dieser Abschwung nicht notwendigerweise in einer Depression enden, wohl aber würden gewöhnlich Deflationstendenzen in einer solchen Situation einsetzen. Hayek (1931b), S.41.

[29]Knappheit des Geldbestands würde im Falle des neutralen Geldes zu höheren Zinsen führen, hier wird diese Knappheit jedoch durch Geldschöpfung künstlich beseitigt.

baren Sparmittel erhöht – die Investitionen übersteigen die Ersparnisse. Die steigenden Investitionen lösen einen Aufschwung aus, in dem es, durch das Sinken des Zinses, zu einer Verlagerung in der Produktionsstruktur hin zu kapitalintensiveren Methoden kommt. Diese Investitionen übersteigen jedoch das Maß der Investitionen ohne Geldschöpfung (freiwilliges Sparen). Es wird zu viel investiert – *Überinvestition*. Da die Mittel nun im Konsumgüterbereich fehlen, sinkt das Angebot. Die Nachfrage ist jedoch unverändert. Es muss unfreiwillig Verzicht geübt werden, es kommt zu erzwungenem Sparen.

Diese künstliche, kapitalintensive Produktionsstruktur lässt sich auf Dauer nicht aufrechterhalten. Dafür gibt es drei Gründe: *Erstens*, da die Investitionen die aktuellen Ersparnisse übersteigen, gibt es nicht genug Investitionsmittel um die begonnenen Projekte abzuschließen[30]. Wird die übermäßige Geldmengenausweitung gestoppt, setzt die Umlenkung der Produktionsmittel von der Investitionsgüter- hin zu Konsumgüterindustrie noch schneller ein. *Zweitens*, der Aufschwung erhöht die Konkurrenz um die Produktionsfaktoren und damit steigen die Preise dieser Kapitalgüter. Damit werden Investitionen zunehmend weniger profitabel. Die relativen Kosten von Investitions- zu Konsumgütern steigen. *Drittens*, die unbefriedigte Nachfrage im Konsumgüterbereich lässt die Preise für diese Güter steigen. Die Ausweitung der Konsumgüterproduktion und damit das Abziehen von Mitteln aus der Investitionsgüterindustrie werden profitabler. Auch hier spielen die relativen Veränderungen eine wichtige Rolle.

Nach der künstlichen Verlängerung der Produktionsprozesse im Aufschwung, folgt nun die Verkürzung als notwendige Anpassung zurück zum Gleichgewicht. Der Konjunkturzyklus ergibt sich bei Hayek wie folgt: Durch die künstliche Stimulierung der Investitionen durch Geschäftsbanken und Geldpolitik wird ein künstlicher Aufschwung herbeigeführt. Das Ende des Booms wird erreicht, wenn die zu geringen Ersparnisse nicht mehr für die Investitionsprojekte ausreichen. Die Produktion muss verlagert werden, der Abschwung beginnt. Nun müssen wir aber noch eine Raffinesse im Hayek'schen Modell erwähnen, seine Unterscheidung von spezifischen und nicht-spezifischen Kapitalgütern. Der Produktionsprozess ist bei Hayek in mehrere Stufen unterteilt. In all diesen Stufen finden wir *spezifische* Kapitalgüter, also Maschinen, Anlagen usw., welche nur zur Herstellung dieses Zwischenproduktes eingesetzt werden können. Die Korrektur des künstlichen Aufschwungs mündet in einer „Reinigungsrezession", Kapital wird aber aufgrund seines spezifischen Charakters bei der Verlagerung der

---

[30] Dieser Effekt wird sogar noch verstärkt, da der sinkende Zins, nach der Geldmengenausweitung, die Kluft zwischen Investitionen und Ersparnissen noch vergrößern wird. Sparen ist jetzt noch unattraktiver geworden.

Produktion im Abschwung vernichtet. Die Herstellung des monetären Gleichgewichts zeige sich daher als langer und schmerzhafter Anpassungsprozess.

Hayek und Keynes eint, dass sie das monetäre Ungleichgewicht – wenngleich sie andere Gründe seines Entstehens anführen – als ursächlich für das Auftreten von Konjunkturzyklen ansehen.

3. WÜRDIGUNG DER THEORIEN

Sowohl Keynes' Unterkonsumtionstheorie als auch die Hayek'sche Überinvestitionstheorie versuchen Konjunkturzyklen aufgrund monetärer Einflüsse zu erklären. Im Folgenden soll ein genauer Blick auf Hayeks Konjunkturtheorie geworfen werden um ein tieferes Verständnis zu entwickeln. Dies soll durch die Betrachtung innovativer Elemente seines Denkens, sowie der Betrachtung einzelner methodologischer und inhaltlicher Aspekte geschehen und letztlich durch einen Vergleich mit einem modernen makroökonomischen Ansatz abgerundet werden.

3.1. NEUHEITSWERT DER HAYEK'SCHEN KONJUNKTURTHEORIE

Hayeks Ansatz ist ein Kind der österreichischen Konjunkturtheorie, deren Grundstein von Denkern wie Carl Menger, Eugen von Böhm-Bawerk und Ludwig von Mises gelegt wurde. In diesem Abschnitt möchte ich auf einige Neuerungen in der Hayek'schen Ausprägung der Österreichischen Konjunkturtheorie eingehen.

Hayek folgt zunächst Menger, der Handlungen in Etappen aufteilt und Güter verschiedener Ordnungen charakterisiert. Hayek überträgt diesen Ansatz auf den Produktionsprozess seiner Konjunkturtheorie. In seinem Modell gibt es fünf Produktionsstufen[31] die unterschiedliche Arten von Gütern charakterisieren[32]. Auf der ersten Stufe (in der modernen Darstellung) werden Produktionsfaktoren für die Erzeugung eines Gutes verwendet, dies können Arbeit, Land oder ursprüngliches Kapital wie Metalle oder Erze sein. Im Laufe der Stufen werden daraus Zwischenprodukte, die durch die weitere Hinzugabe von Produktionsfaktoren und Zwischenprodukten wiederrum zu neuen Produkten werden. Am Ende des Prozesses, Stufe 5, haben wir letztlich unser Ziel erreicht, Konsumgüter wurden produziert. Investitionen sind

---

[31] Siehe dazu Abb. 1 im Anhang: Darstellung des „Hayek'schen Dreieck".

[32] Das „Hayek'sche Dreieck", also die Darstellung des in Zwischenstufen gegliederten Produktionsprozesses wird bei Hayek als, von oben nach unten laufender, Prozess darstellt, der mit der 5.Stufe beginnt und mit der 1.Stufe endet. Diese Reihenfolge ist der Menger'schen Zuordnung von Gütern höherer Ordnung (Kapitalgüter) und Gütern niedriger Ordnung (Konsumgütern) entlehnt. In modernen Versionen (siehe Abb.1) wird das Dreieck um 90° gedreht dargestellt um die Zeitdimension auf der X-Achse darzustellen. Der Prozess verläuft in diesem Fall von links nach rechts, vom Zeitpunkt t=1 hin zu t=5. Die Zeitpunkte repräsentieren die jeweilige Produktionsstufe und damit das jeweilige Zwischenprodukt. Die Nummerierung ist umgekehrt zu der bei Hayek im Original.

also das Einschlagen dieser Zwischenstufen, mit der Erwartung daraus letztlich ein Mehr an Konsumgütern zu schaffen (lohnenswerte Umwege). Hayeks Unterteilung des Produktionsprozesses in Stufen stellt eine Neuerung und Verfeinerung der damaligen österreichischen Theorie dar, auf deren Grundlage er die relativen Veränderungen, die sich zwischen den Stufen ergeben können, deutlich machen konnte. Diese Spezifikation des Produktionsprozesses wird vor allem deutlich, wenn man den Hayek'schen Produktionsprozess mit der neoklassischen Vorstellung von Erzeugung vergleicht. Die Neoklassik beschränkt sich auf die Einteilung des Produktionsprozesses in Haushalte und Unternehmer. Die Vielschichtigkeit der Unternehmerwelt wird ignoriert. Die gleichen Probleme wie im Falle von Keynes' Aggregatsbetrachtung (der Gewinne) entstehen. Die wesentlichen Veränderungen innerhalb dieser Kategorien werden durch die monolithische Betrachtung ausgeblendet. Eine Analyse relativer Veränderungen innerhalb eines differenzierten Produktionsprozesses, wie es Hayek leistet, ist zwar zeitlich gesehen keine neue Idee, aber dennoch eine echte Neuheit für die neoklassische Theorie.

Mit diesem Ansatz war es Hayek möglich eine Alternative zur vorherrschenden Quantitätstheorie anzubieten – der Analyse relativer Veränderungen statt der Betrachtung von Aggregatsgrößen, wie dem allgemeinen Preisniveau. Zudem zeigte er deutlich, dass monetären Änderungen nie neutral sind, eine neue Erkenntnis, die er mit Hilfe seiner Untersuchung der Produktionsstruktur aufgrund relativer Preise erlangte. Geldmengenänderungen beeinflussen immer die relativen Gewichte der einzelnen Zwischenstufen untereinander und das Verhältnis dieser mit der Konsumgüterproduktion. Es kommt zu realen Änderungen der Produktionsstruktur, wie wir gesehen haben.

Hayek baut in seiner Konjunkturtheorie auf Böhm-Bawerks Vorstellung des Zinses als Zeitpräferenz und Kapitaltheorie auf und bedient sich zudem Mises' Analyse der Zyklen[33]. Hayek weitet die Bedeutung des Zinses, der sowas wie einen „Zeitmarkt" zwischen heutigen und zukünftigen Konsum schafft, auf alle Stufe seines Produktionsprozesses aus. Auch dies ist ein „Update" des österreichischen Ansatzes.

Mit seiner Konjunkturtheorie kommt Hayek inhaltlich zu neuen und teils spektakulären Ergebnissen. So zeigt er, resultierend aus seiner intertemporalen Analyse, dass Geldschöpfung und Kreditexpansion zu intertemporalen Fehlkoordination zwischen den Entscheidungen der Individuen, also beispielsweise zwischen Sparern und Investoren, führt.

---

[33]Huerta de Soto (2008), S.82.

Eine innovative Erklärung liefert Hayek hierbei, wenn er die Geschäftsbanken in den Fokus rückt. In einem Geldsystem, in dem die Geschäftsbanken ihre Sichteinlagen nicht zu 100% decken müssten (Teilreservesystem), sie also zur Geldschöpfung fähig sind, kommt es zum oben beschriebenen erzwungenen Sparen.

Eine weitere schon angeklungene, aber damals wie heute bemerkenswerte, Einsicht ist Hayeks Beurteilung des Abschwungs (die Folge einer künstlichen Hochkonjunktur) als ökonomisch gesunde und notwendige Anpassung – die Reaktion eines selbstregulierenden Systems.

3.2. ANWENDUNGSFALL: SUBPRIME-KRISE

Bisher wurden die konjunkturtheoretischen Ansätze von Hayek und Keynes vorgestellt. Nun wird es Zeit der Frage nachzugehen, ob diese Theorien es vermögen aktuelle reale wirtschaftliche Entwicklungen nachzuvollziehen. Beide Denker suchten eine Erklärung für die Weltwirtschaftskrise der 1930er Jahre, doch passen ihre Theorien auch in die heutige Zeit? Es soll nun versucht werden die Finanz- und Wirtschaftskrise der Jahre 2007-2009 mit Hilfe der Hayek'schen Konjunkturtheorie nachzuzeichnen.

Wir erinnern uns: Grund für Wirtschaftskrisen ist im Hayek'schen Denken die Kluft zwischen Ersparnissen und Investitionen. Diese Kluft wird durch Geldmengenerhöhung der Zentralbank und Kreditexpansion der Geschäftsbanken ausgelöst, wodurch der Marktzins sinkt. Es kommt zum künstlichen Aufschwung, die Produktion wird kapitalintensiver.

Nach dem Platzen der Dotcom-Blase und den Terroranschlägen des 11.Septembers 2001 leitete die Fed, ganz im Sinne der „Great Moderation", eine Niedrigzinspolitik ein um eine mögliche Rezession in den USA zu vermeiden. Der Zins sank (wohl unter sein Gleichgewichtsniveau), es kam zur Kreditexpansion und dem von Hayek beschrieben künstlichen Aufschwung. Die niedrigen Zinsen machten nun Investitionen rentabel die sich vorher nicht gelohnt hätten. Das zusätzliche Geld floss vor allem in den Immobiliensektor, obwohl die Eigenheimquote in den Vereinigten Staaten mit nahezu 70%[34] bereits schon sehr hoch war. Immobilienkredite wurden nun auch an Personen ausgegeben, die beim vorherigen, höheren Zins als nicht kreditwürdig erschienen. Der Boom zeigte sich in den rasant steigenden Preisen für Immobilien (s. Anhang, Abb. 2: „Case-Shiller-Index"). Ähnliche Entwicklungen waren in Großbritannien, Spanien und Irland zu beobachten.

---

[34]Robert J. Shiller, The Subprime Solution: How Today's Global Financial Crisis Happened, and what to Do about it, Princeton University Press, 2012, S.5.

Der Aufschwung, der vor allem vom Immobilienboom getragen wurde, ließ die Preise für Produktionsfaktoren ansteigen (Benzin, Metalle, Rohstoffe). Zugleich war ein Ansteigen der Konsumgüterpreise zu beobachten. Der Boom im Immobilienbereich entzog dem Konsumgütersektor nötige Mittel, das Angebot dort sank, die Bürger mussten nun ihren Konsum reduzieren, erzwungenes Sparen setzte ein. Dem gesunkenen Angebot stand eine unveränderte Nachfrage gegenüber, daher der Preisanstieg von Konsumgütern, genau wie dies Hayek beschrieben hat.

Aufgrund dieser Entwicklungen veränderten sich die relativen Knappheiten zwischen den einzelnen Stufen der Kapitalgüterproduktion und der Konsumgüterproduktion. Die steigenden Preise für Produktionsfaktoren und Konsumgüter ließen die relativen Preise für Konsumgüter steigen[35] und eine Umlenkung der Mittel hin zur Konsumgüterindustrie setzte ein. Dem Immobiliensektor wurde Liquidität entzogen und die Blase platzte. *Überinvestitionen*, also Fehlallokationen aufgrund des künstlich niedrigen Zinses, führten zur Krise.

Nach der Finanzkrise, in der es zur Rettung von Bankenrettung kam um das System (vermeintlich) zu stabilisieren, folgte eine Wirtschaftskrise. Eine Entwicklung die Hayek in seiner Theorie für zwingend hält. Der Verzerrungen und Fehlallokationen des Überinvestierens müssen durch eine „Reinigungsrezession" beseitigt werden. Da die manipulierende Geldpolitik Veränderungen der realen Produktionsstruktur bewirkte, ist ein Übergreifen der Krise auf die Realwirtschaft unvermeidbar. Der Abschwung läutet die oben erwähnte Verlagerung hin zur Konsumgüterproduktion ein. Der Umstand, dass Kapitalgüter aus Vorleistungen (Zwischenprodukten) bestehen und einige Kapitalgüter spezifisch sind, also nur für die Produktion spezieller Güter eingesetzt werden können, erklärt warum es zu Friktionen im Anpassungsprozess kommt. Es entstehen Arbeitslosigkeit und Überproduktion, auch dies haben wir in der Wirtschaftskrise im Jahre 2009 beobachten können.

Die Politik reagierte auf den Einbruch der Wirtschaftsleistung mit der Auflage von Konjunkturprogrammen, diese sollten die Rezession bekämpfen. Wie wir aus Hayeks Theorie jedoch lernen, zögern konjunkturpolitische Maßnahmen oder auch eine Lockerung der Geldpolitik (wie sie im Zeichen der Krise auch stattgefunden hat), im Falle einer Überinvestitionskrise, die nötigen Anpassungsprozesse nur heraus. Sie beseitigen nicht die Wurzeln des konjunkturellen Übels - die realen Verzerrungen der Produktionsstruktur in Folge lockerer Geldpolitik. Der Beleg hierfür finden wir in der, nach dem konjunkturellen Strohfeuer des Jahres 2010, zurückkehrenden Rezession in Europa.

---

[35]Die Profitabilität kippte vom Immobiliensektor hin zum Konsumgütersektor.

3.3. Konsistenz der Hayek'schen Theorie

Nach dem diese Arbeit versucht hat den Neuheitswert der Hayek'schen Theorie und ihr Erklärungsvermögen hinsichtlich der letzten Wirtschaftskrise darzulegen, soll nun die Konsistenz der Theorie in methodologischer und inhaltlicher Hinsicht besprochen werden.

3.3.1. Methodologische Aspekte

Hayeks theoretischer Ansatz zeichnet sich dadurch aus, dass Zyklen mit Hilfe relativer Preisänderung erklärt werden. Damit wendet sich Hayek von den auf Aggregate aufbauenden geldtheoretischen Ansätzen, wie der Quantitätstheorie, ab. Er legte damit den Grundstein für eine Entwicklung, die später als Mikrofundierung der Makroökonomik bezeichnet wurde.

Eine angemessene Theorie der Konjunkturzyklen habe nach Hayek vier Ansprüchen zu genügen[36]: *Erstens*, eine geeignete Erklärung der Konjunkturzyklen müsse auf Grundlage einer Theorie stattfinden (*Theoriefundierung*). Eine reine Erklärung wirtschaftlicher Phänomene durch empirische Methoden *„cannot, in themselves, provide new insight into the causes or the necessity of the Trade Cycle"[37].* Das ist wohl Hayeks Lehre aus der Auseinandersetzung der Österreichischen Schule mit der Historischen Schule im *Methodenstreit*. Dieser Forderung wird Hayek mit seiner Theorie gerecht. Wie wir bereits besprachen, basiert sein Ansatz auf der österreichischen Kapital- und Konjunkturtheorie, die maßgeblich von Böhm-Bawerk entwickelt wurde. In seinen „Reflections" zeigt aber Hayek am Beispiel Keynes deutlich, was eine fehlende Theoriefundierung „anrichten" kann. Keynes baue auf keiner Kapitaltheorie auf, benutze daher oft inkonsistente und zum Teil widersprüchliche Definitionen und Konzepte und ziehe, so Hayek, daher oft falsche Schlüsse[38].

Zweitens, eine solche Theorie müsse im Rahmen einer Gleichgewichtsanalyse geleistet werden (*Gleichgewichtsanalyse*). Die Anwendung der Gleichgewichtstheorie sei ein weithin akzeptiertes Mittel und bilde das logische Fundament der ökonomischen Analyse. Das Gleichgewicht diene als Referenzwert, an denen sich die Abweichungen der Wirklichkeit ablesen ließen. Die Anwendung des Gleichgewichtsansatzes verlange jedoch einige sehr restriktive Annahmen. Hinsichtlich der Informationen über des Marktgeschehen wird angenommen, dass die Akteure alle objektiven Daten und Zusammenhänge des Modell kennen. Gleichgewichtspreise ergeben sich nicht erst am Markt durch Interaktion, sondern sind im Vorfeld bekannt und werden am Markt nur noch realisiert. Das ist eine Sichtweise, die Hayek in seinen späteren Werken aufgibt. Er betont in seinen folgenden Arbeiten die Dezentralität

---

[36]Caldwell (2004), S.157-162.
[37]Hayek Zitat aus Caldwell (2004), S.157.
[38]Siehe dazu u.a. Hayek (1931b), S.276, 286 und 25.

des Wissens und die konstitutive Unvollständigkeit des Wissens der Individuen. Der Markt-
mechanismus ist hierbei Mittel zur „Wissensteilung"[39].

Weitere Annahmen der Theorie des Gleichgewichts sind Vollbeschäftigung durch flexible
Reallöhne und dass sich der Kapitalmarkt, sowie die Märkte für Konsum- und Investitionsgü-
ter im Gleichgewicht befinden. Unter diesen Bedingungen kommt es jedoch nicht zu Konjunkturschwankungen, denn wie wir bei Hayek und Keynes gesehen haben, resultieren Auf-
und Abschwung aus dem Ungleichgewicht zwischen Sparen und Investieren. Für einige
scheint daher Hayeks zweite Forderung inkonsistent mit seinem Versuch eine Erklärung der
Zyklen zu entwickeln. Für den Ökonomen Adolph Löwe stellte der Versuch die Gleichgewichtstheorie mit der Erklärung der Konjunkturzyklen zu verbinden eine Unmöglichkeit dar:

> *„The business cycle problem is not a reproach for, but a reproach against the static sys-*
> *tem, because in it is an antinomic problem... . Those who wish to solve the business cycle*
> *problem must sacrifice the static system. Those who adhere to the static system must*
> *abandon the business cycle problem... The transformation of our existing static system*
> *into a dynamic one thus appears to be required from open problems of economic theory*
> *over the entire field."*[40]

Hayek ist jedoch der Meinung, dass sich das Gleichgewichtsmodell auch für einer solche
dynamische Analyse erhalten lasse, wenn man Annahmen lockern würde. Durch die Einfüh-
rung von Geld ließen sich die Dynamiken der Zyklen modellieren.

Drittens, eine hinreichende Konjunkturtheorie müsse daher die Entstehung von Geld pos-
tulieren. Nur so lasse sich die „statische Methode" zur Analyse dynamischer Entwicklungen
der Wirtschaft verwenden (*Geldwirtschaft*). Es geht darum, den Geltungsbereich der „stati-
schen Theorie" über den zeitlosen Bereich des stationären Gleichgewichts auszudehnen. Konjunkturzyklen sind bei Hayek daher das Phänomen der Geldwirtschaft. Die Friktionen die
Geld mit sich bringt, verursachen ein monetäres Ungleichgewicht. Diese Abweichungen vom
Gleichgewicht der vorherigen Naturalwirtschaft, wie Hayek eine Wirtschaft ohne Geld nennt,
stellen für Hayek die Ursache der Zyklen dar. Die Aufgabe eines nicht-neutralen Geldes, sowie die Aufnahme von Zeit in das Modell sind ebenso Lockerungen der Annahmen, wie die
Untergliederung der Produktionsstruktur.

Gerade in der Produktionsstruktur, die im Vergleich zur neoklassischen Struktur sehr
komplex ist, muss Hayek jedoch wichtige Eingeständnisse an die statische Theorie machen.
Er kommt nicht herum die einzelnen Stufen als Aggregate zu behandeln, wenngleich sie deutlich differenziertere Aggregate als bei Keynes sind. Die höchst subjektive österreichische De-

---

[39]Siehe Hayek, „The Use of Knowledge in Society".
[40]Löwe zitiert aus Caldwell (2004), S.160.

finition von Kapital und Investitionen („lohnenswerte Produktionsumwege") kommt innerhalb dieser Aggregate nicht voll zum Tragen. Sein Aggregationsniveau im Laufe seiner konjunkturtheoretischen Arbeit bleibt jedoch nicht konstant. In seiner Arbeit „Das intertemporale Gleichgewichtssystem der Preise und die Bewegungen des 'Geldwertes'" stellte er seine Analyse auf Grundlage des Wahlverhaltens eines individuellen Agenten an. Wohingegen er in „Preise und Produktion" sich methodisch auf die Betrachtung von monetärem Ungleichgewicht und Gleichgewicht konzentriert und damit stärker in Aggregaten arbeitet. Im weiteren Verlauf kehrte Hayek zu seinem dynamischeren Ansatz zurück. In seinem Schlusswerk zur Kapitaltheorie „The Pure Theory of Capital" unternahm er den Versuch eine dynamische Theorie des Kapitals zu entwickeln. Er war bestrebt im Laufe seiner Arbeiten die Annahmen immer weiter zu lockern, um so die dynamischen Aspekte der monetären Konjunkteinflüssen besser modellieren zu können. Dieses Ziel erreichte er jedoch nie ganz.

Viertens, eine angemessene Theorie der Konjunkturzyklen habe die Effekte relativer Preisveränderungen in den Fokus der Analyse zu stellen (*Fokus auf relative Veränderungen*). Nur so ließen sich Trugschlüsse in der Analyse der Konjunktur vermeiden. Keynes vernachlässigte die Bedeutung relativer Änderung in seiner „Treatise". So war Keynes auf Grund seiner Analyse von Aggregaten der Meinung, dass sich ein Aufschwung durch Geldmengenausweitung aufrechterhalten lasse. Es müssten nur genug Geldströme in die Produktion fließen, dann werde ein Abschwung vermieden. Keynes' Vernachlässigung der relativen Veränderungen machten ihn blind für die Prozesse, die den künstlichen Aufschwung zwangsläufig stoppten. Hayek zeigt damit exemplarisch welche Einsichtigen sich durch die Betrachtung der relativen Änderungen gewinnen lassen – definitiv ein Meilenstein in Hayeks Theorie.

3.3.2. INHALTLICHE ASPEKTE

Nachdem wir uns nun einige methodologische Aspekte der Hayek'schen Theorie angeschaut haben, soll nun ein besonderer inhaltlicher Aspekt in den Mittelpunkt unserer Betrachtung rücken. Ein Aspekt der von Keynes in den „Ring" geworfen wurde und einen möglichen Schmerzpunkt der Hayek'schen Theorie darstellen könnte. Es handelt sich hierbei um die Bedeutung von Erwartungen und irrationalen Verhaltens, den von Keynes sogenannten „animal spirits", in der Wirtschaft.

Erwartungen und die Furcht vor der Furcht
Keynes hat in seinem Werk die immense Bedeutung der Erwartungen für wirtschaftliche Entscheidungen dargelegt. Gerade in einem intertemporalen Modell, wo sich zwischen Konsum heute oder morgen (Sparen) entschieden werden muss, spielen zukünftige Preise, die Ent-

wicklung des Geldes, aber auch die eigene wirtschaftliche Situationen und die Erwartungen die man diesbezüglich hat eine wichtige Rolle.

> *„Abgesehen von der Instabilität, die aufgrund von Spekulation entsteht, ergibt sich Instabilität auch aus der menschlichen Natur, aufgrund der ein großer Teil unserer positiven Aktivitäten, seien sie moralischer oder hedonistischer oder wirtschaftlicher Art, eher von spontanem Optimismus als von mathematischen Kalkulationen abhängt. Wahrscheinlich können die meisten Entschlüsse etwas Positives zu tun, dessen volle Wirkungen sich über viele zukünftige Tage ausdehnen werden, nur auf Lebensgeister zurückgeführt werden - auf einen plötzlichen Anstoß zur Tätigkeit, statt Untätigkeit und nicht auf den gewogenen Durchschnitt quantitativer Vorteile, multipliziert mit quantitativen Wahrscheinlichkeiten."[41]*

Diese psychologischen Aspekte, darunter fallen auch Erwartungen, fasst Keynes unter dem Begriff der „animal spirits" zusammen, auch irrationales Verhalten wie Instinkte, Emotionen und Herdenverhalten werden darunter verstanden. Auch Furcht ist ein solcher „animal spirit", ein Einfluss der bei der „Großen Depression" eine wichtige Rolle gespielt hat.

Am 12.März 1933 versicherte Roosevelts in einer informellen Ansprache, die im Radio übertragen wurde, dass Bankeinlagen der Bevölkerung im Land sicher seien. Diese Ansprache hatte einen unglaublichen Effekt. Das Vertrauen der Sparer kehrte zurück, das gehortete Geld wurde auf die Bank gebracht und die Banken konnten wieder Kredite vergeben.[42] Ist es nun ein grobes Versagen Hayeks, wenn er diesen Aspekt nicht explizit erwähnt, geht es ihm doch darum eine möglichst angemessene Theorie der Konjunkturzyklen zu liefern. Ist dies möglich, wenn ein Phänomen, von großer wirtschaftlicher Bedeutung ausgeklammert wird?

Die Furcht vor einem Bankencrash hatte dazu geführt, dass die Bevölkerung mehr Horten anlegten als ohne den Faktor Furcht. Die für Investitionen verfügbaren Ersparnisse unterschritten das für den Aufschwung benötige Investitionsniveau. Der Mangel an Ersparnissen ließ den Marktzins über den Gleichgewichtszins steigen. Die Effekte der Furcht lassen sich also, auch wenn sie nicht explizit bei Hayek vorkommen leicht in seinen Ansatz integrieren. Damit zeigt sich auch, trotz methodologischer Kritik (Vgl. Löwe), wie vielseitig und erweiterbar das Hayek'sche Theoriegebilde ist.

Erwartungen und Furcht sind Aspekte, die essentielle Bedeutung für die Analyse von monetären Einflüssen besitzen. Wirtschaftlicher Austausch durch Einräumen von Krediten geschieht nur auf Basis von Vertrauen[43]. Unsere moderne Geldwirtschaft braucht daher vertrauensvolle Institutionen. Selbst wenn der Faktor Furcht ein vollständiges Stillhalten von Geld-

---

[41] Keynes, „Allgemeine Theorie der Beschäftigung, des Zinses und des Geldes", S. 136.
[42] Mayer (2013).
[43] Mayer(2013), S.8 Verweis auf: David Graeber, Debt – The first 5000 Years of credit. Melvielle House 2011

und Konjunkturpolitik untergräbt, spricht der Umstand, dass wir vertrauensvolle Institutionen in einer Geldwirtschaft brauchen, doch gegen eine diskretionäre Geld- und Fiskalpolitik.

3.4. Im Lichte Moderner Makrotheorien

Es wurde eingangs erwähnt, dass Hayeks Konjunkturtheorie (in der Wissenschaft) eine neue Aufmerksamkeit erfährt, da das vorherrschende Paradigma der „Great Moderation" (als wissenschaftliche Begriff eher „Neue Neoklassische Synthese") als gescheitert oder zumindest in ihrem Erklärungsgehalt unzureichend erscheine. Wir wollen uns daher in aller Kürze mit einem Forschungszweig beschäftigen, der immerhin auf den ersten Blick einen „österreichischen" Eindruck macht – die „Neue Klassische Makroökonomie".

Die Neue Klassische Makroökonomik (NKM) entwickelte sich in den 1970er Jahren. Erklärungsziel der Theorie sind Konjunkturschwankungen auf Grundlage eines gleichgewichtsorientierten Ansatzes, ein erklärtes Ziel auch von Hayek. In der NKM wird von zwei zentralen Annahmen ausgegangen: *Erstens*, dass sich alle Märkte stets im Wettbewerbsgleichgewicht befinden. Sie wird daher auch als „allgemeine Gleichgewichtsmakroökonomie" bezeichnet, und entspricht damit der zweiten Forderung, die Hayek an eine Theorie der Konjunkturzyklen gestellt hat. *Zweitens*, dass die Individuen rationale Erwartungen[44] haben. Ein wichtigstes Bestreben, das die Vertreter der NKM mit Hayek gemein haben, ist die mikroökonomische Fundierung ihres Ansatzes.

Die Anhänger der Neuen Klassischen Makroökonomik gehen, ganz wie Hayek, davon aus, dass nur relative Preise maßgeblich für die Entscheidung der Individuen sind. Damit erfüllt die NKM auch Hayeks vierte Anforderung. Da aber, auf Grund von Informationsasymmetrien, nur die absoluten Preise bekannt sind, werden sich die Individuen die Informationen der relativen Preise durch die Informationen der Preisentwicklung der Vergangenheit und der stochastischen Struktur der Preisprozesse erschließen. Zudem spielen die Preissignale, auf den ihnen bekannten Märkten, eine wichtige Rolle. Basierend auf diesen Faktoren bilden sich die Erwartungen hinsichtlich der relativen Preise.

Nach neuklassischer Ansicht hat Geldpolitik, falls sie die relativen Preise nicht ändert, also gleichmäßig die Preise aller Güter erhöht keine realen Störungen zur Folge. Verändert die Änderung der Geldmenge jedoch die Preisrelationen kommt die NKM zu einem ähnlichen Ergebnis wie Hayek – Geldpolitik führt zu realen wirtschaftlichen Störungen. Diese realen Effekte der Geldpolitik würden aber nur bei Informationsdefiziten auftreten. Trotz einer ge-

---

[44]Die Erwartungen müssen sich logisch aus dem Modell ergeben. Dass alle Erwartungen identisch und korrekt sind, ist keine notwendige Bedingung, sie dürfen nur nicht modellinkonsistent sein.

wissen Nähe zwischen Neuer Klassischer Makroökonomik und und Hayek'scher Konjunktur-theorie werden hier die Unterschiede deutlich. Hayek betont nachdrücklich, dass Geldmen-genänderung *immer* einen Einfluss auf reale Strukturen habe und damit immer zu Verzerrun-gen führe.

Des Weiteren entfernt sich die NKM von Hayeks Ansatz im Hinblick auf das Geldange-bot. Der Ansatz dieser neuen makroökonomischen Denkrichtung gehe von einem exogenen Geldangebot aus, wohingegen Hayek den Geldschöpfungsprozess als immanenten Bestandteil unseres Bankensystems kennzeichnet und als wichtiges Glied in seiner Theorie versteht.

Die Neue Klassische Makroökonomik ist keine konsequente Weiterentwicklung der Hayek'schen Konjunkturtheorie. Es wird zwar auf einige entscheidende Konzepte und Heran-gehensweisen zurückgegriffen, die meines Erachtens wegweisend sein können, wie der Be-trachtung der relativen Preisänderungen, jedoch gibt es zum Teil extreme Unterschiede in der Betrachtung des Geldschöpfungs- oder Produktionsprozesses. Jedoch hat die Neue Klassische Makroökonomik mit ihrer konsequenten Mikrofundierung den Weg zu einer der ent-schiedensten Veränderungen der Makrotheorie geebnet und damit eine wichtige Entwicklung zu einem „österreichischeren" Ansatz der Makroökonomik angestoßen.

4. SCHLUSSFOLGERUNG

Die Auseinandersetzung mit Hayeks und Keynes' monetären Konjunkturtheorien zeigen vor allem, wie entscheidend Geldpolitik für die reale wirtschaftliche Entwicklung ist.

> „... *daß die Aufgabe der Geldtheorie viel weiter reicht, als man gewöhnlich annimmt: daß sie in nichts weniger besteht, als in einer Neubearbeitung des ganzen Feldes, daß von der reinen Ökonomie unter der Voraussetzung des Naturaltausches behandelt wird, wo-bei sie zu untersuchen hat, welche Änderungen gegenüber den Ergebnissen der reinen Ökonomie sich als Folge der Einführung des indirekten Tausches ergeben."* (Hayek, 1931, S.119)

Hayeks Überinvestitionstheorie liefert einige zentrale Ergebnisse, die Helfen das konjunktu-relle Geschehen besser zu verstehen. Lockere Geldpolitik und einsetzende Kreditexpansion des Bankensystems sind ursächlich für die Konjunkturzyklen. Künstliche Zinssenkungen füh-ren zur Fehlallokation von Ersparnissen und Investitionen. Es werden mehr Investitionen an-gestoßen als mit den Ersparnissen der Gesellschaft beendet werden können. Dieser Prozess findet zwangsläufig ein Ende und eine reinigende Rezession findet statt, die jedoch zur einer Wirtschaftskrise mit Arbeitslosigkeit und Überkapazitäten heranwachsen kann, da nicht alle alten Kapitalgüter umgelenkt werden können.

Gerade der kontrastierende Vergleich mit Keynes konjunkturellen Ansätzen erscheint lohnenswert, da ein entscheidender Faktor der wirtschaftlichen Entwicklung aufgegriffen wird – den individuellen Erwartungen über die Zukunft. Erwartungen und irrationales Verhalten am Markt, wie Furcht, sind entscheidend für die konjunkturellen Verläufe. Auch wenn Hayeks Überinvestitionstheorie sehr überzeugt und in vielen Fällen eine Erklärung realer konjunktureller Phänomene liefert, können Aspekte wie eine lähmende Furcht, oder das Auftauchen einer sekundären Depression, alternative Wege in der Geldpolitik erfordern.

Der komplexe, sehr differenzierte und dynamische Ansatz der Hayek'schen Theorie mit einem breiten Fundament aus Kapital-, Geld- und Konjunkturtheorie ist eine theoretische Ausnahmeleistung, die mehr Beachtung in der modernen Theorie verdient. Die Berücksichtigung der Effekte von *Geldschöpfung* auf die Produktion, die Bedeutung *relativer Änderungen* und die Differenzierung des *Produktionsprozesses* sind Elemente, bei denen ein Versuch der Integration in heutige Theorien sinnvoll erscheint. Die Wiederentdeckung der österreichischen Konjunkturtheorie durch die moderne Wirtschaftstheorie lohnt sich. Die Auseinandersetzung mit Hayeks Überinvestitionstheorie bietet Die Möglichkeit zu produktiven Reibungen, die in einer Weitung unseres Verständnisses für konjunkturelle Entwicklungen münden könnte.

ANHANG

Grundgleichungen von Keynes[45]

---

(1) <u>Preisniveau der Konsumgüter</u>:

$E = Nominaleinkommen$

$I' = Produktionskosten\ der\ laufenden\ Konsumgüterproduktion$

$\rightarrow (E - I') = Produktionskosten\ der\ laufenden\ Konsumgüterproduktion$

$S = Summe\ der\ Ersparnisse$

$\rightarrow (E - S) = Einkommensteil\ für\ Konsumgüter$

$O = Gesamterzeugung\ an\ Gütern$

$R = Menge\ der\ liquiden\ Konsumgüter\ und\ Dienstleistungen$

$C = Nettozunahme\ der\ Investitionen$

$\rightarrow O = R + C\ (alte\ Invest.\,güter\ zählen\ bei\ Keynes\ zu\ Konsumgütern,\ also\ zu\ R)$

$P = Preisniveau\ der\ liquiden\ Konsumgüter$

$\rightarrow P \times R = laufende\ Ausgaben\ für\ Konsumgüter$

$\rightarrow E \times \dfrac{C}{O} = I' = Produktionskosten\ der\ Neuinvestitionen$

Ausgaben der Gesellschaft für Konsumgüter ergeben sich aus der Differenz zwischen Einkommen und ihren Ersparnissen:

$$\rightarrow (E - S) = P \times R = E \times \frac{R + C}{O} - S = \frac{E \times R}{O} + I' - S$$

Auflösen nach P: Entspricht der **1. Grundgleichung**

$$P = \frac{E}{O} + \frac{I' - S}{R} \,\ldots$$

---

(2) <u>Preisniveau der Gesamterzeugung</u>:

$P' = Preisniveau\ der\ neuen\ Investitionsgüter$

$\pi = Preisniveau\ der\ Gesamterzeugung$

$I = Wert\ neuer\ Investitionsgüter\ (Vgl.\ I' = Produktionskosten\ der\ Invest.)$

$\rightarrow I = P' \times C$

Daraus ergibt sich für das Preisniveau der Gesamterzeugung: **2. Grundgleichung**

$$\rightarrow \pi = \frac{P \times R + P' \times C}{O} = \frac{(E - S) + I}{O} = \frac{E}{O} + \frac{(I - S)}{O}$$

---

(3) <u>Gewinn</u>:

$\qquad Q_1 = Gewinn\ aus\ Konsumgütern, \qquad Q_2 = Gewinn\ aus\ Investitionsgütern$

$\rightarrow Q_1 = P \times R - \dfrac{E}{O} \times R = (E - S) - (E - I') = I' - S$

$\rightarrow Q_2 = I - I'$

$\rightarrow Q = Q_1 + Q_2 = I - S$

---

[45] Auflistung der Gleichungen aus Keynes (1983).

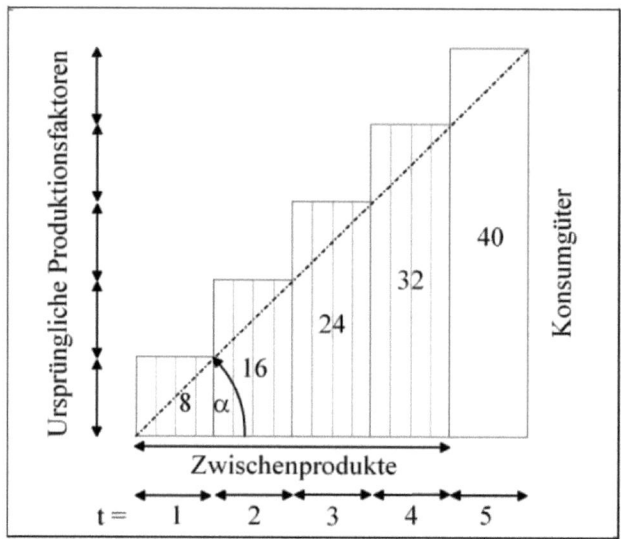

Gleichgewichtige Produktion in fünf Stufen. Quelle: Hayek 1931. Eigenes Design

Abb. 1: Hayek'sches Dreieck

Abb. 2: Case-Shiller-Index

---

[46]Abb. 1,,,Hayek'sches Dreieck" aus ,,Das Hayeksche Dreieck", Georg Quaas.
[47]Robert J. Shiller, The Subprime Solution: How Today's Global Financial Crisis Happened, and what to Do about it, Princeton University Press, 2012, S.5.

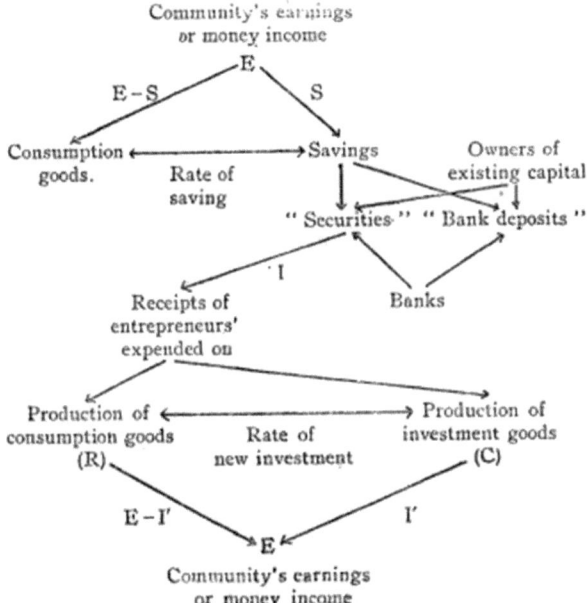

DIAGRAMMATIC VERSION OF MR. KEYNES' THEORY OF THE CIRCULATION OF MONEY[6]

Community's earnings
or money income

E

E-S   S

Consumption goods.   Rate of saving   Savings   Owners of existing capital

" Securities "   " Bank deposits "

I

Receipts of entrepreneurs' expended on   Banks

Production of consumption goods (R)   Rate of new investment   Production of investment goods (C)

E-I'   I'

E

Community's earnings
or money income

[6] The formulæ on which the above diagram is based are as follows :

$R+C=O$ (quantity of total current output)

$\dfrac{E}{O}=W_1$ (rate of efficiency earnings)$=\dfrac{W}{e}$ (rate of earnings per unit of human effort ÷ the co-efficient of efficiency)

Q_1 (Profit on consumption goods)$=(E-S)-(E-I')=I'-S$

P (Price level of consumption goods)$=\dfrac{E}{O}+\dfrac{I'-S}{R}=W_1+\dfrac{Q_1}{R}$ (1)

Q_2 (Profit on investment goods)$=I-I'$

P' (Price level of investment goods*)$=\dfrac{E}{O}+\dfrac{I-I'}{C}=W_1+\dfrac{Q_2}{C}$

Q (Profit on total output)$=(E-S)+I-E=I-S$

Π (Price level of total output)$=\dfrac{E}{O}+\dfrac{I-S}{O}=W_1+\dfrac{Q}{O}$ (2)

48

Abb. 3: Darstellung der Geldzirkulation

---

[48] Hayeks graphische Darstellung der Keynes'schen Theorie der Geldzirkulation. Siehe Hayek (1931b), S. 283.

Literaturverzeichnis

Boettke, P. J. (2012). *Living Economics: Yesterday, Today, and Tomorrow*. Oakland: Independent Institute.

Caldwell, B. (2004). *Hayek's Challenge: An Intellectual Biography of F.A. Hayek*. London: The University of Chicago Press Ltd.

Hayek, F. A. (1928). Das intertemporale Gleichgewichtssystem der Preise und die Bewegungen des 'Geldwertes'. *Weltwirtschaftliches Archiv, 28*, pp. 33-76.

Hayek, F. A. (1929). *Geldtheorie und Konjunkturtheorie*. Wien: Hölder-Pichler-Tenpsky.

Hayek, F. A. (1930). Gibt es einen Widersinn des Sparens? *Zeitschrift für Nationalökonomie*, pp. 387-429.

Hayek, F. A. (1931a). *Preise und Produktion*. Wien: Verlag Julius von Springer.

Hayek, F. A. (1931b). Reflections on the Pure Theory of Money of Mr. J. M. Keynes (Part 1). *Economica*(33), pp. Bd.11, 270-295 (Teil 1) und Bd.12, 22-44 (Teil 2).

Hayek, F. A. (1933, Oktober 5). Über "neutrales Geld". *Zeitschrift für Nationalökonomie*, pp. 659-661.

Hayek, F. A. (1937). Einleitung zu einer Kapitaltheorie. *Zeitschrift für Nationalökonomie*(8), pp. 1-9.

Hayek, F. A. (1950). *The Pure Theory of Capital*. London: Routledge & Kegan Paul Ltd.

Hayek, F. A. (1984). *Der Strom der Güter und Leistungen* . Tübingen: Mohr.

Horn, K. I. (2013). *Hayek für jedermann - Die Kräfte der spontanen Ordnung*. Frankfurt am Main: Frankfurter Societäts-Medien GmbH.

Huerta de Soto, J. (2008). *The Austrian School, Market Order and Entrepreneurial Creativity*. Cheltenham: Edward Elgar.

Keynes, J. M. (1930). *A Treatise on Money*. London: Macmillan & Co.

Keynes, J. M. (1931). The Pure Theory of Money. A Reply to Dr. Hayek. *Economica*(34), pp. 387-397.

Keynes, J. M. (1983). *Vom Gelde (A Treatise on Money)*. Berlin: Duncker und Humblot.

Kirzner, I. M. (1995). Hayeks Theorie der Koordination von Märkten. In B. [. Schefold, *Friedrich A. von Hayeks "Preise und Produktion" - Vademecum zu einem Klassiker der Marktkoordination* (pp. 23-45). Düsseldorf: Verlag Wirtschaft und Finanzen GmbH.

Klausinger, H. (1985). F.A. von Hayeks Theorie der Geldwirtschaft in neuerer Sicht. *Europäische Zeitschrift für Politische Ökonomie*, pp. 585-610.

Klausinger, H. (2013). *Die größten Ökonomen: Friedrich A. von Hayek.* Konstanz und München: UVK Verlagsgesellschaft mbH.

Kolev, S. (2013). *Neoliberale Staatsverständnisse im Vergleich.* Stuttgart: Lucius & Lucius Verlagsgesellschaft mbH.

Lachmann, L. M. (1966). Die geistesgeschichtliche Bedeutung der österreichischen Schule in der Volkswirtschaftslehre. *Zeitschrift für Nationalökonomie, 26,* pp. 152-167.

Mayer, T. (2013). Die Ökonomen im Elfenbeinturm: ratlos - Eine österreichische Antwort auf die Krise der modernen Makroökonomik und Finanztheorie. *Freiburger Diskussionspapiere zur Ordnungsökonomik, No. 13/1.*

Menger, C. (1871). *Grundsätze der Volkswirthschaftlehre.* Wien: K.K. Hof- und Universitätsbuchhändler.

Pierenkemper, T. (2012). *Geschichte des modernen ökonomischen Denkens - Große Ökonomen und ihre Ideen.* Göttingen: Vandenhoeck & Ruprecht GmbH & Co.KG.

Schumpeter, J. A. (1965). *Geschichte der ökonomischen Analyse 2.* Göttingen: Vandenhoeck & Ruprecht.

Smith, A. (2005). *Der Wohlstand der Nationen.* (H. C. Recktenwald, Trans.) München: Deutscher Taschenbuch Verlag GmbH & Co.KG.

Söllner, F. (2001). *Die Geschichte des ökonomischen Denkens.* Berlin, Heidelberg: Springer.

Starbatty, J. [. (2012). *Klassiker des ökonomischen Denkens.* Hamburg: Nikol Verlagsgesellschaft mbH & Co. KG.

Starbatty, J. (2007, Dezember 13). F.A. von Hayek und die 'Bubble Economy'. *Hayek-Vorlesung.* Freiburg im Brsg.

Straubhaar, T. W., & Zweynert, J. (2009, Mai 11). Rückkehr des Keynesianismus: Anmerkungen aus ordnungspolitischer Sicht. *APuZ - Aus Politik und Zeitgeschichte,* pp. 19-26.

Wicksell, K. (2006). *Geldzins und Güterpreis.* München: FinanzBuch Verlag.